© 2006 Éditions Milan, 300, rue Léon-Joulin
31101 Toulouse Cedex 9 - France

Une histoire tirée du film *Kirikou et les bêtes sauvages* réalisé par
Michel OCELOT et Bénédicte GALUP.

Film *Kirikou et les bêtes sauvages*:
© 2005 Les Armateurs / Gebeka Films / France 3 Cinéma / Studio O.

Droits de traduction et de reproduction réservés pour tous les pays.
Toute reproduction, même partielle,
de cet ouvrage est interdite. Une copie ou reproduction par quelque
procédé que ce soit, photographie, microfilm, bande magnétique,
disque ou autre, constitue une contrefaçon passible des peines
prévues par la loi du 11 mars 1957 sur la protection des droits
d'auteur. Loi 49-956 du 16 juillet 1949 sur les publications destinées
à la jeunesse.

ISBN : 2-7459-2243-2
Dépôt légal : 2ᵉ trimestre 2006

Imprimé en Belgique

KIRIKOU
et la girafe

Une histoire de Michel OCELOT
sur un synopsis de Michel OCELOT et Bénédicte GALUP

Illustrations de
Sylvie MOUREAUX-NÉRY et Marianne LEBEL

MILAN jeunesse

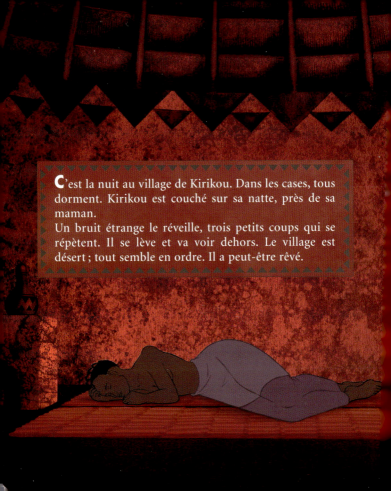

C'est la nuit au village de Kirikou. Dans les cases, tous dorment. Kirikou est couché sur sa natte, près de sa maman.
Un bruit étrange le réveille, trois petits coups qui se répètent. Il se lève et va voir dehors. Le village est désert ; tout semble en ordre. Il a peut-être rêvé.

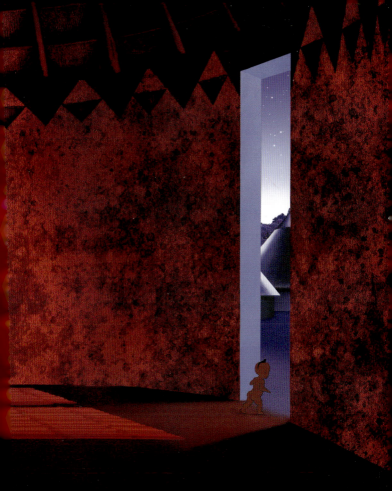

Non, il n'a pas rêvé. Le lendemain matin, Kirikou examine le sol.
– Que regardes-tu, Kirikou ? lui demande sa mère.
– De drôles d'empreintes… d'un oiseau à trois pattes…
– C'est extraordinaire.
– Je vais voir qui peut bien produire de telles empreintes.
Il suit les traces, accroupi, marchant comme un canard.
Sa mère le conseille :
– Bien. Ne t'éloigne pas trop. Tant que nous restons groupés près du village, les fétiches se méfient. Mais loin du village, ils guettent et peuvent te capturer.
Kirikou serpente à croupetons à travers le village. La Grande Fille se moque de lui, le Vieillard lui dit de bien se tenir. Mais Kirikou suit la piste sans se troubler. Il sort du village, monte et descend des collines, avance dans les hautes herbes.

Au loin, Karaba la Sorcière fait surveiller Kirikou par son Fétiche sur le Toit :
– Maîtresse, Kirikou est loin du village et continue à suivre les traces.
– Il n'est pas si malin que ça, ricane Karaba, il tombe dans le piège la tête la première.
Kirikou zigzague dans la savane, les yeux fixés sur les empreintes. Lorsqu'il relève la tête, il réalise qu'il s'est beaucoup éloigné du village.
Mais le bruit étrange de la nuit retentit à nouveau et, cette fois, il est tout près.

Kirikou découvre un fétiche qui imprime par terre trois fausses traces d'oiseau.

Trop loin du village, Kirikou est tombé dans le piège. Il est cerné par une troupe de fétiches armés, infranchissable. Il va être saisi par un fétiche preneur. Mais, d'un bond, il grimpe sur un acacia et se réfugie à la fourche des branches, hors d'atteinte.

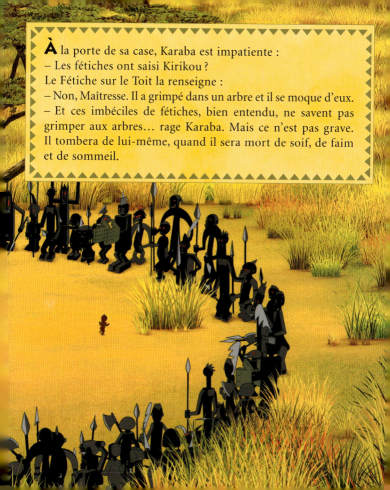

À la porte de sa case, Karaba est impatiente :
– Les fétiches ont saisi Kirikou ?
Le Fétiche sur le Toit la renseigne :
– Non, Maîtresse. Il a grimpé dans un arbre et il se moque d'eux.
– Et ces imbéciles de fétiches, bien entendu, ne savent pas grimper aux arbres… rage Karaba. Mais ce n'est pas grave. Il tombera de lui-même, quand il sera mort de soif, de faim et de sommeil.

Kirikou regarde les fétiches :
– Cette fois je suis pris ! Ils ne bougent pas et peuvent rester ainsi des siècles, sans boire ni manger.
Moi je ne peux pas, et je ne sais que faire.
Un bruit de marche dans l'herbe lui fait lever la tête.
– Une girafe ! Peut-être qu'elle va faire fuir les fétiches…
L'animal s'approche, les fétiches ne bronchent pas.
– Ça leur est complètement égal. À la girafe aussi d'ailleurs. Elle ne pense qu'à manger.
Kirikou, lui, pense à une solution pour échapper aux fétiches.

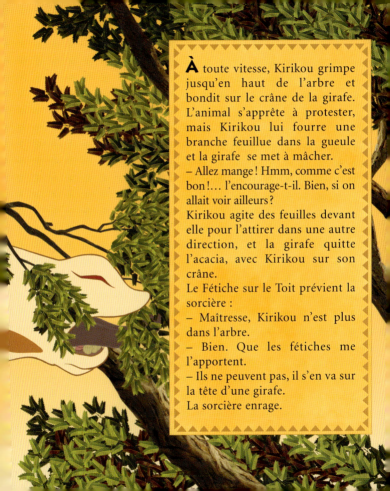

À toute vitesse, Kirikou grimpe jusqu'en haut de l'arbre et bondit sur le crâne de la girafe. L'animal s'apprête à protester, mais Kirikou lui fourre une branche feuillue dans la gueule et la girafe se met à mâcher.
– Allez mange ! Hmm, comme c'est bon !… l'encourage-t-il. Bien, si on allait voir ailleurs ?
Kirikou agite des feuilles devant elle pour l'attirer dans une autre direction, et la girafe quitte l'acacia, avec Kirikou sur son crâne.
Le Fétiche sur le Toit prévient la sorcière :
– Maîtresse, Kirikou n'est plus dans l'arbre.
– Bien. Que les fétiches me l'apportent.
– Ils ne peuvent pas, il s'en va sur la tête d'une girafe.
La sorcière enrage.

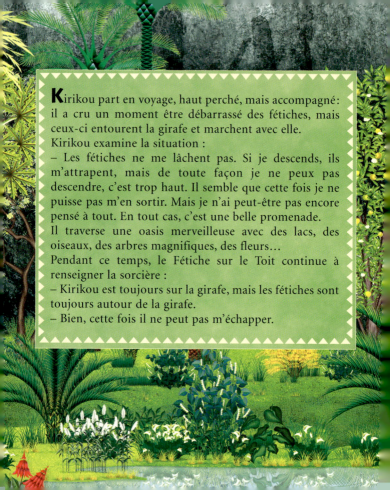

Kirikou part en voyage, haut perché, mais accompagné : il a cru un moment être débarrassé des fétiches, mais ceux-ci entourent la girafe et marchent avec elle.
Kirikou examine la situation :
– Les fétiches ne me lâchent pas. Si je descends, ils m'attrapent, mais de toute façon je ne peux pas descendre, c'est trop haut. Il semble que cette fois je ne puisse pas m'en sortir. Mais je n'ai peut-être pas encore pensé à tout. En tout cas, c'est une belle promenade.
Il traverse une oasis merveilleuse avec des lacs, des oiseaux, des arbres magnifiques, des fleurs…
Pendant ce temps, le Fétiche sur le Toit continue à renseigner la sorcière :
– Kirikou est toujours sur la girafe, mais les fétiches sont toujours autour de la girafe.
– Bien, cette fois il ne peut pas m'échapper.

Un vent inquiétant se lève. Des nuages sombres accourent de l'horizon noir.

– Une tornade ! Elle va m'emporter ! s'effraie Kirikou.

Brutalement, la tempête est là, des trombes d'eau tombent du ciel, le vent hurle, bouscule tout, et balaie les fétiches.

– Bon débarras ! s'exclame Kirikou. Moi, je ne vais pas lâcher prise !

Kirikou est malmené par l'ouragan, manque d'être emporté, s'agrippe aux cornes de la girafe, et tient bon jusqu'à la fin de la tornade. Il est sain et sauf, et pense être délivré des fétiches. Mais non, ceux-ci réapparaissent et reprennent la garde.

– Ah non, j'ai toujours deux problèmes… soupire Kirikou. Un : comment descendre sans me tuer ? Deux : comment ne pas être capturé par les fétiches ?

La girafe est une grande marcheuse, et Kirikou découvre de nouveaux paysages : la savane, le désert, une montagne si haute qu'elle a des neiges éternelles à son sommet, et partout des animaux, des lions, des éléphants, des oryx, des gnous, des phacochères, des margouillats, des pique-bœufs.

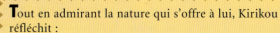

Tout en admirant la nature qui s'offre à lui, Kirikou réfléchit :
— Comment descendre ? Comment ne pas être capturé ? Ça y est, je sais comment me sauver ! C'est tout simple. Que je suis bête, parfois !

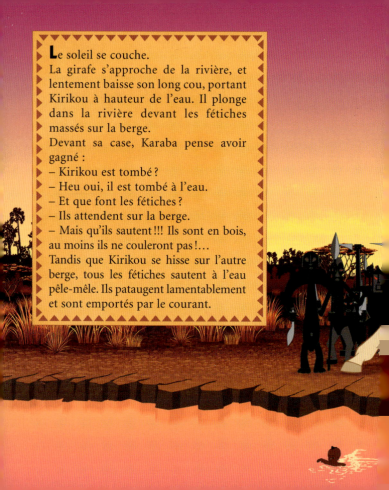

Le soleil se couche.
La girafe s'approche de la rivière, et lentement baisse son long cou, portant Kirikou à hauteur de l'eau. Il plonge dans la rivière devant les fétiches massés sur la berge.
Devant sa case, Karaba pense avoir gagné :
– Kirikou est tombé ?
– Heu oui, il est tombé à l'eau.
– Et que font les fétiches ?
– Ils attendent sur la berge.
– Mais qu'ils sautent !!! Ils sont en bois, au moins ils ne couleront pas !…
Tandis que Kirikou se hisse sur l'autre berge, tous les fétiches sautent à l'eau pêle-mêle. Ils pataugent lamentablement et sont emportés par le courant.

Karaba la Sorcière continue à questionner le Fétiche sur le Toit :
– Kirikou est noyé ?
– Non, Maîtresse. Il est sur la berge, il dit au revoir à la troupe des fétiches.
– Comment, au revoir ?!
– Oui, ils reviennent vers nous, emportés par le courant. Ils ne savent pas nager, explique le Fétiche sur le toit.
Karaba tempête :
– Mais arrêtez-vous ! Fétiches preneurs ! Allez les repêcher !

Le soir tombe sur le village, Kirikou n'est toujours pas revenu. Sa mère est terriblement inquiète. Heureusement, il arrive enfin, chargé de fleurs et de fruits. Il dépose sa récolte aux pieds de sa mère :
– Du haut de la girafe, j'ai découvert un jardin secret. Je vous montrerai.

Enfants et adultes se mettent à chanter :

– *Kirikou*
qui a soif
comprend la girafe !

– *Kirikou*
sait où est
un jardin secret !

– *Kirikou*
n'est pas grand,
mais il est vaillant !

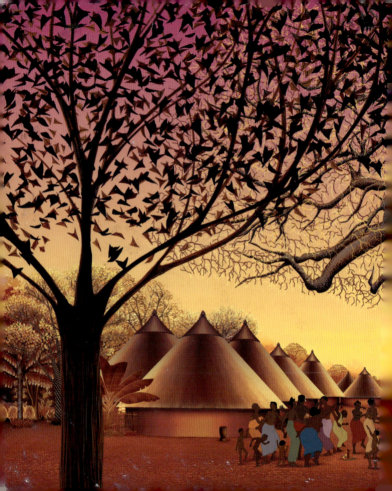